КЛАСС!ное

И.С. Тургенев

АСЯ

Книга для чтения с заданиями
для изучающих русский язык как иностранный

Второе издание, стереотипное

$$\boxed{A2}$$

РЯ
РУССКИЙ ЯЗЫК
КУРСЫ

МОСКВА
2017

УДК 811.161.1
ББК 81.2 Рус-96
Т87

Адаптация текста, комментарий: *Еремина Н.А.*
Задания: *Старовойтова И.А.*

В оформлении обложки использован рисунок Т.А. Ляхович

Тургенев, И.С.
Т87   Ася: Книга для чтения с заданиями / И.С. Тургенев. —
2-е изд., стереотип. — М.: Русский язык. Курсы, 2017. —
56 с. (Серия «КЛАСС!ное чтение»)
ISBN 978-5-88337-386-1

В книге представлена повесть «Ася» известного русского писателя XIX века И.С. Тургенева.

Это история одной встречи молодого человека с девушкой, которую он полюбил, но не решился жениться на ней. Всю жизнь он потом вспоминал об этой встрече...

Текст повести адаптирован (А2), сопровождается комментарием, заданиями на понимание прочитанного и на развитие речи. В книге приводятся наиболее интересные факты из жизни И.С. Тургенева.

УДК 811.161.1
ББК 81.2 Рус-96

Тургенев Иван Сергеевич

(1818–1883)

Иван Сергеевич Тургенев родился в городе Орёл* в дворянской* семье. Детство Тургенева прошло в имении* семьи.

В 1827 году родители переехали в Москву и отдали будущего писателя в пансион*, где он проучился около двух с половиной лет. Дальнейшее образование он продолжал под руководством частных учителей. С детства он знал французский, немецкий, английский языки.

Осенью 1833 года он поступил в Московский университет, а в следующем году перевёлся в Петербургский университет на историко-филологический факультет. В Петербурге Тургенев начинает много писать, сочиняет стихи. Там он знакомится с известными литераторами и встречает А.С. Пушкина.

В 1838–1840 годы он учился в Берлинском университете, занимался философией, древними языками, историей. За это время поездил по Германии, был в Голландии и Франции, несколько месяцев жил в Италии.

Иван Сергеевич приехал на родину в 1841 году и стал жить в Москве. Здесь он посещал литературные кружки.

Вернувшись в 1842 году в Санкт-Петербург, Тургенев поступил на службу чиновником в Министерство внутренних дел, где проработал до 1844 года.

В 1847 году Тургенев надолго уехал за границу. Три года прожил он в Германии, потом в Париже.

Затем писатель вернулся в Россию. В качестве автора и критика сотрудничал в журнале «Современник» — центре русской литературной жизни.

С 1863 по 1871 год писатель живёт в Германии, в Баден-Бадене. В эти годы Тургенев работает над своими произведениями, а также занимается переводами. Он переводит произведения русских писателей на другие языки, помогая таким образом стать этим авторам известными на Западе. Он также переводит зарубежных писателей, знакомя русского читателя с лучшими произведениями западных авторов.

Тургенев переезжает во Францию и остаётся в этой стране до конца своей жизни. Зимой он жил в Париже, а летние месяцы проводил за городом, недалеко от Парижа, в Буживале. Но каждую весну он ненадолго приезжал в Россию.

В 1870-е годы Иван Сергеевич стал одним из крупнейших писателей-реалистов. В 1878 году И.С. Тургенев был избран вице-президентом Международного литературного конгресса в Париже. В 1879 году Оксфордский университет присвоил писателю степень доктора.

В 1879 году он приехал в Россию, где его очень хорошо принимали на литературных вечерах и торжественных обедах, приглашали остаться на родине. В 1880 году он стал членом-корреспондентом Петербургской Академии наук.

Тургенев собирался вернуться на родину, но тяжёлая болезнь помешала этому. В 1883 году он умер в Буживале. По желанию писателя тело его перевезли в Россию и похоронили в Петербурге.

За свою творческую жизнь Тургенев написал несколько романов («Отцы и дети», «Рудин»), много рассказов («Муму», «Встреча»), повестей («Первая любовь», «Ася»), пьес и стихотворений.

Тургенев оказал существенное влияние на развитие русской и мировой литературы.

Если эти слова (в тексте они выделены) вам незнакомы, посмотрите их значение в словаре.

Алый

Ба́шня
бесе́да
бесе́дка
благовоспи́танный
благоро́дный
бле́дный
броди́ть

Ветвь
взволно́ванный
виногра́дник
воро́та
вы́веска

Го́рдый

Доли́на
дорожи́ть
доса́довать
до́сыта
дре́вний
дрожа́ть
дуб

Жечь
жи́вопись

Завеща́ть
запина́ться
затрудне́ние
зева́ть
зри́тель

Испа́чкать
исче́знуть

Кали́тка
капри́зный
карто́н
клочо́к
кля́сться
крапи́ва
кры́лья

Легкомы́сленный
ли́па

Ме́льком

Навести́ть
намекну́ть
нату́ра
небре́жный
ненави́деть
несправедли́вый

Объя́тие
огра́да
опасе́ние
открове́нный

Перево́зчик
печа́льно
пир
подозре́ние
посеща́ть
постепе́нно
потака́ть
похи́тить
предрассу́док
презира́ть

7

преобрази́ться
препя́тствовать
привы́кнуть
прикоснове́ние
прини́кнуть
принуждённо
притворя́ться
прищу́рить
прозра́чность
происхожде́ние

Разва́лина
разлу́ка
расста́ться
рыда́ть

Све́рстник
свеча́
симпа́тия
сирота́
сия́ть
скамья́
скро́мный
смути́ться
снисходи́тельный
со́весть
сознава́ть
солове́й
сомнева́ться
справедли́вость

стан
стра́стный
стремле́ние
стыди́ться
сумасше́дший

Терпе́ние
толпа́
торже́ственный
тотча́с
тропи́нка
тща́тельно

Убежда́ть
уверя́ть
уговори́ть
уедине́ние
у́жас
упрека́ть
усе́рдно
усту́п

Хамелео́н
холст

Цель

Шали́ть
шаль

Этю́д

Ася

I

Мне было тогда́ лет два́дцать пять, — на́чал Н.Н., — давно́ э́то бы́ло. Я уе́хал за грани́цу, я хоте́л посмотре́ть на мир. Я был здоро́в, мо́лод, ве́сел, де́ньги у меня́ бы́ли — я де́лал, что хоте́л.

Я путеше́ствовал без *це́ли*, без пла́на; остана́вливался везде́, где мне нра́вилось, и уезжа́л, как то́лько чу́вствовал жела́ние ви́деть но́вые ли́ца — и́менно ли́ца. Меня́ интересова́ли то́лько лю́ди; я *ненави́дел* па́мятники.

Ита́к, лет два́дцать наза́д я жил в неме́цком небольшо́м городке́ З., на ле́вом берегу́ Ре́йна.

Городо́к э́тот мне понра́вился свои́ми *дре́вними сте́нами* и *ба́шнями*, ста́рыми *ли́пами*, мосто́м над ре́чкой, кото́рая впада́ла в Рейн, — а гла́вное, свои́м хоро́шим вино́м. По его́ у́зким у́лицам гуля́ли ве́чером о́чень хоро́шенькие не́мки и, встре́тясь с иностра́нцем, они́ говори́ли прия́тным го́лосом: «Guten Abend!*»

Городо́к З. нахо́дится недалеко́ от Ре́йна. Я ча́сто ходи́л смотре́ть на э́ту ре́ку и до́лгие часы́ сиде́л на ка́менной *скамье́* под одино́ким огро́мным де́ревом. Ма́ленькая ста́туя мадо́нны* с почти́ де́тским лицо́м и кра́сным се́рдцем на груди́ *печа́льно* смотре́ла из его́ *ветве́й*. На друго́м берегу́ находи́лся городо́к Л., он был немно́го побо́льше го́рода З. Одна́жды ве́чером сиде́л я на свое́й люби́мой скамье́ и гляде́л то на ре́ку, то на не́бо, то на виногра́дники. Вдруг я услы́шал зву́ки му́зыки. В го́роде Л. игра́ли вальс.

—Что э́то? — спроси́л я у старика́, кото́рый подошёл ко мне.

—Это, — отве́тил он, — студе́нты прие́хали из Б. на ко́ммерш.

«А посмотрю́ я на э́тот ко́ммерш, — поду́мал я, — к тому́ же я в Л. не быва́л». Я нашёл *перево́зчика* и отпра́вился на другу́ю сто́рону реки́.

II

Мо́жет быть, не ка́ждый зна́ет, что тако́е ко́ммерш. Это тако́й *торже́ственный пир*, на кото́ром собира́ются студе́нты одно́й земли́*. Почти́ все уча́стники в ко́ммерше но́сят стари́нный костю́м неме́цких студе́нтов: венге́рки*, больши́е сапоги́ и ма́ленькие ша́почки. Собира́ются студе́нты обы́чно к обе́ду и пиру́ют до утра́, пьют, пою́т пе́сни, ку́рят; иногда́ они́ приглаша́ют орке́стр.

Тако́й то́чно ко́ммерш происходи́л в го́роде Л. пе́ред небольшо́й гости́ницей под *вы́веской* Со́лнца в саду́, выходи́вшем на у́лицу. Студе́нты сиде́ли за стола́ми под *ли́пами*, в стороне́, в *бесе́дке* сиде́ли музыка́нты и хорошо́ игра́ли. На у́лице, пе́ред са́дом, собрало́сь мно́го наро́да: гра́ждане городка́ Л. хоте́ли посмотре́ть на госте́й. Я то́же стоя́л в *толпе́ зри́телей*. Я ве́село смотре́л на ли́ца студе́нтов; их *объя́тия*, взгля́ды, смех без причи́ны — лу́чший смех на све́те. «Мо́жет я пойду́ к ним?» — спра́шивал я себя́...

—Ася, мо́жет, пойдём? — вдруг спроси́л сза́ди меня́ мужско́й го́лос по-ру́сски.

—Подождём ещё, — отвеча́л друго́й, же́нский го́лос на том же языке́.

Я бы́стро оберну́лся... Взгляд мой упа́л на краси́вого молодо́го челове́ка в фура́жке* и широ́кой ку́ртке; он

10

держа́л под ру́ку де́вушку невысо́кого ро́ста, в шля́пе, кото́рая закрыва́ла всю ве́рхнюю часть её лица́.

—Вы ру́сские? — спроси́л я.

Молодо́й челове́к улыбну́лся и сказа́л:

—Да, ру́сские.

—Я ника́к не ду́мал… здесь, — на́чал я.

—И мы не ду́мали. Разреши́те предста́виться: меня́ зову́т Га́гиным, а вот э́то моя́… — он замолча́л на мгнове́ние, — моя́ сестра́. А как ва́ше и́мя?

Я назва́л себя́, и мы на́чали разгова́ривать. Я узна́л, что Га́гин путеше́ствует, так же как я, для своего́ удово́льствия и неде́лю тому́ наза́д прие́хал в городо́к Л. Пра́вду сказа́ть, я не люби́л знако́миться с ру́сскими за грани́цей. Но Га́гин мне понра́вился сра́зу. Есть на све́те таки́е счастли́вые ли́ца: гляде́ть на них прия́тно. У Га́гина бы́ло и́менно тако́е лицо́, ми́лое, ла́сковое, с больши́ми глаза́ми и мя́гкими волоса́ми. Говори́л он так, что, да́же не ви́дя его́ лица́, вы то́лько по зву́ку его́ го́лоса чу́вствовали, что он улыба́ется.

Де́вушка, кото́рую он назва́л свое́й сестро́ю, с пе́рвого взгля́да показа́лась мне о́чень ми́лой. Бы́ло что́-то своё, осо́бенное, в её кру́глом лице́, с небольши́м то́нким но́сом, почти́ де́тскими щека́ми и чёрными глаза́ми. Она́ не была́ похо́жа на своего́ бра́та.

—Хоти́те вы зайти́ к нам? — сказа́л мне Га́гин, — ка́жется, доста́точно мы уже́ до́лго смотре́ли на не́мцев. Как ты ду́маешь, Ася, пойдём домо́й?

Де́вушка утверди́тельно кивну́ла голово́й.

—Мы живём за го́родом, — продолжа́л Га́гин, — в виногра́днике, в ма́леньком до́мике, высоко́. У нас хорошо́, посмо́трите. Хозя́йка обеща́ла пригото́вить нам ки́слого молока́. Ско́ро бу́дет темно́, и вам лу́чше бу́дет переезжа́ть Рейн, пока́ луна́ све́тит.

11

Мы пошли. Через низкие ворота города мы вышли в поле, прошли шагов сто вдоль каменной *ограды* и остановились перед *калиткой*. Гагин открыл её и повёл нас в гору по *тропинке*. С обеих сторон рос виноград; солнце только что село, и *алый* свет лежал на белой стене небольшого домика. Домик был с четырьмя светлыми окнами, он стоял на самом верху горы, по которой мы поднимались.

— Вот и наш дом! — сказал Гагин, — а вот и хозяйка несёт молоко. Guten Abend, Madame*!..

— Мы сейчас начнём ужинать; но перед этим, — прибавил он, — оглянитесь... какой вид?

Вид был чудесный. Рейн лежал перед нами весь серебряный, между зелёными берегами. Городок показывал все свои дома и улицы. Внизу было хорошо, но наверху ещё лучше: меня особенно удивила чистота и глубина неба, *прозрачность* воздуха.

— Отличную вы выбрали квартиру, — сказал я.

— Это Ася её нашла, — отвечал Гагин, — ну-ка, Ася, — продолжал он, — скажи, чтобы всё сюда подали. Мы будем ужинать на воздухе. Тут музыку лучше слышно.

Ася (собственное имя её было Анна, но Гагин называл её Асей, и вы разрешите мне её так называть) — Ася пошла в дом и скоро вернулась вместе с хозяйкой. Они вдвоём несли большой поднос с горшком молока, тарелками, ложками, сахаром, ягодами, хлебом. Мы сели за стол и начали ужинать. Ася сначала боялась меня, но Гагин сказал ей:

— Ася, не надо бояться! Он не кусается.

Она улыбнулась и уже сама заговорила со мной.

Мы разговаривали часа два. День закончился, наступил вечер, а *беседа* наша всё продолжалась. Гагин

12

велел принести бутылку рейнвейна; мы её выпили не спеша. Музыка по-прежнему долетала до нас, огни зажглись в городе и над рекою. Ася вдруг опустила голову, замолчала и вздохнула, а потом сказала нам, что хочет спать, и ушла в дом. Но я видел, как она долго стояла за закрытым окном. Наконец появилась луна.

—Пора! — сказал я, — уже поздно, и я не смогу найти *перевозчика*.

—Пора, — повторил Гагин.

Мы пошли вниз по тропинке. Камни вдруг посыпались за нами: это Ася нас догоняла.

—Ты не спишь? — спросил её брат, но она, не ответив ему ни слова, пробежала мимо.

Мы нашли Асю у берега: она разговаривала с перевозчиком. Я прыгнул в лодку и простился с новыми моими друзьями. Гагин обещал *навестить* меня на следующий день. Я пожал его руку и протянул свою Асе; но она только посмотрела на меня и покачала головой. Лодка быстро поплыла по реке.

—Прощайте! — закричала мне Ася.

—До завтра, — сказал Гагин.

Лодка приплыла к берегу. Я пошёл домой.

Я чувствовал себя счастливым... Но отчего я был счастлив? Я ничего не желал, я ни о чём не думал... Я был счастлив.

III

На другое утро (я уже проснулся, но ещё не вставал) стук палки раздался у меня под окном, пришёл Гагин.

Я открыл ему дверь.

—Здравствуйте, — сказал Гагин, входя, — ещё рано, но посмотрите, какое прекрасное утро.

13

Я оде́лся; мы вы́шли в са́дик, се́ли на скаме́йку, веле́ли пода́ть себе́ ко́фе и на́чали бесе́довать. Га́гин рассказа́л мне о свои́х пла́нах на бу́дущее: он хоте́л занима́ться *жи́вописью*. И предложи́л мне пойти́ к нему́ посмотре́ть его́ *этю́ды*. Я сра́зу согласи́лся.

Аси до́ма не́ было. Хозя́йка сказа́ла нам, что Ася пошла́ гуля́ть. Га́гин показа́л мне все свои́ рабо́ты. В них бы́ло мно́го жи́зни и пра́вды, но все они́ бы́ли неоко́нчены, и рису́нки показа́лись мне *небре́жными*. Я вы́сказал ему́ моё мне́ние.

—Да, да, — сказа́л он со вздо́хом, — вы пра́вы; всё э́то о́чень пло́хо!

Он махну́л руко́й, собра́л этю́ды и бро́сил их на дива́н.

—Если хва́тит *терпе́ния*, из меня́ полу́чится что́-нибудь, — сказа́л он, — не хва́тит, оста́нется всё как есть. Пойдёмте лу́чше Асю иска́ть.

Мы пошли́.

IV

По доро́ге Га́гин обрати́л моё внима́ние на не́которые краси́вые места́.

Тропи́нка, по кото́рой мы шли, привела́ нас к *воро́там*.

Мы вошли́ в воро́та и оказа́лись в небольшо́м дво́рике, там росли́ *я́блони* и *крапи́ва*. На *усту́пе* стены́ сиде́ла Ася. Она́ поверну́лась к нам лицо́м и засмея́лась, но не дви́нулась с ме́ста. Га́гин погрози́л ей па́льцем, а я гро́мко *упрекну́л* её в неосторо́жности.

Я огляну́лся. За на́ми в уголке́ сиде́ла стару́шка. Она́ продава́ла тури́стам пи́во, пря́ники и во́ду. Мы се́ли на скаме́йку и ста́ли пить из тяжёлых кру́жек холо́дное пи́во. Ася продолжа́ла сиде́ть, но вдруг засмея́лась, спры́гнула со стены́ и подошла́ к нам. Мы обошли́

14

разва́лину круго́м (Ася шла за на́ми сле́дом) и полюбова́лись ви́дами. Ме́жду тем час обе́да приближа́лся.

На обра́тном пути́ Ася мно́го смея́лась и *шали́ла*. Верну́вшись домо́й, она́ ушла́ к себе́ в ко́мнату и появи́лась то́лько к обе́ду, она́ наде́ла лу́чшее своё пла́тье и перча́тки, и *тща́тельно* причеса́лась. Она́ хоте́ла сыгра́ть передо мно́й но́вую роль — роль *благовоспи́танной ба́рышни**. Га́гин не меша́л ей: бы́ло ви́дно, что он привы́к *потака́ть* ей во всём. Он то́лько иногда́ смотре́л на меня́ и слегка́ пожима́л плечо́м, как бу́дто хоте́л сказа́ть: «Она́ ребёнок; бу́дьте *снисходи́тельны*». Как то́лько ко́нчился обе́д, Ася вста́ла, сде́лала нам *кни́ксен** и, наде́вая шля́пу, спроси́ла Га́гина: мо́жет ли она́ пойти́ к *фра́у** Луи́зе?

—Тебе́ ску́чно с на́ми? — спроси́л с улы́бкой Га́гин.

—Нет, но я вчера́ ещё обеща́ла фра́у Луи́зе побыва́ть у неё.

Она́ ушла́.

—Фра́у Луи́зе, — сказа́л Га́гин, — вдова́ бы́вшего зде́шнего *бургоми́стра**, до́брая стару́шка. Она́ о́чень полюби́ла Асю.

Га́гин измени́л те́му разгово́ра. Чем бо́льше я узнава́л его́, тем сильне́е чу́вствовал *симпа́тию* к нему́. Часа́ четы́ре провели́ мы вдвоём, то си́дя на дива́не, то ме́дленно гуля́я пе́ред до́мом; и за э́ти четы́ре часа́ подружи́лись.

Со́лнце се́ло, и я до́лжен был идти́ домо́й. Ася всё ещё не возвраща́лась.

—Хоти́те, я пойду́ провожа́ть вас? — предложи́л Га́гин. — Мы по пути́ зайдём к фра́у Луи́зе; я спрошу́, там ли Ася?

Мы спусти́лись в го́род и останови́лись пе́ред четырёхэта́жным до́мом.

—Ася! — крикнул Гагин, — ты здесь?

Окошко на третьем этаже открылось, и мы увидели тёмную головку Аси.

—Я здесь, — сказала Ася, — мне здесь хорошо. На тебе, возьми, — она бросила Гагину ветку герániума*, — *вообрази*, что я дама твоего сердца.

—Н. уходит, — сообщил Гагин, — он хочет с тобой проститься.

—Тогда дай ему мою ветку, а я сейчас вернусь.

Она захлопнула окно и, кажется, поцеловала фрау Луизе. Гагин протянул мне молча ветку. Я молча положил её в карман, дошёл до перевоза и перебрался на другую сторону.

Я пришёл домой и начал думать... думать об Асе. Я вдруг вспомнил, что Гагин в разговоре *намекнул* мне на какие-то *затруднения,* которые *препятствовали* его возвращению в Россию... «Да, сестра ли она его?» — произнёс я громко.

Я разделся, лёг и старался заснуть; но через час я опять сидел в постели и снова думал об этой «*капризной девочке...*». «Она сложена, как маленькая Галатея Рафаэля, — шептал я, — да; и она ему не сестра...»

V

На следующее утро я опять пошёл в Л. Я *уверял себя,* что мне хочется увидеться с Гагиным, но мне, конечно, хотелось посмотреть, что станет делать Ася. Они были в гостиной, и, странное дело! — Ася показалась мне совершенно русской простой девушкой. На ней было старенькое платье, волосы она зачесала за уши и сидела, не двигаясь, у окна *скромно* и *тихо.* Погода была чудесная. Гагин объявил нам, что пойдёт сегодня рисовать этюд с *натуры.* Я спросил его, разрешит ли он мне проводить его?

16

—Коне́чно, — согласи́лся он, — вы мне мо́жете хоро́ший сове́т дать.

Он наде́л кру́глую шля́пу, блу́зу, взял *карто́н* и пошёл; я — вслед за ним. Ася оста́лась до́ма. Га́гин добра́лся до знако́мой уже́ мне доли́ны, присе́л на ка́мень и на́чал рисова́ть ста́рый *дуб*. Я лёг на траву́ и доста́л кни́жку; но я и двух страни́ц не прочита́л, а он то́лько бума́гу *испа́чкал*; мы рассужда́ли о том, как и́менно ну́жно рабо́тать и каково́ значе́ние худо́жника в наш век. Га́гин лёг ря́дом со мно́ю, и уж тут мы свобо́дно на́чали бесе́довать. Мы о́чень мно́го говори́ли и пото́м пошли́ домо́й.

К ве́черу Ася не́сколько раз *зевну́ла* и ра́но ушла́ к себе́. Я то́же ско́ро прости́лся с Га́гиным и верну́лся домо́й. По́мню, когда́ я ложи́лся спать, я проговори́л вслу́х:

—Эта де́вушка как *хамелео́н*! — и, поду́мав немно́го, приба́вил: — А всё-таки она́ ему́ не сестра́.

VI

Прошло́ две неде́ли. Я ка́ждый день приходи́л к Га́гиным и с любопы́тством наблюда́л за Асей.

Она́ хорошо́ говори́ла по-францу́зски и по-неме́цки; но бы́ло заме́тно, что воспита́ние она́ получи́ла стра́нное, необы́чное, не тако́е, как у Га́гина. Он, несмотря́ на его́ шля́пу и блу́зу, был настоя́щим ру́сским дворяни́ном[x]. А она́ не была́ похо́жа на ба́рышню, во всех её движе́ниях бы́ло что-то неспоко́йное. Я не́сколько раз начина́л говори́ть с ней о её жи́зни в Росси́и, о её про́шлом. Она́ неохо́тно отвеча́ла на мои́ вопро́сы; но я узна́л, что до отъе́зда за грани́цу она́ до́лго жила́ в дере́вне. Я всё бо́лее и бо́лее *убежда́лся* в том, что она́ не сестра́ Га́гина. Он относи́лся к ней не по-бра́тски:

слишком ласково, слишком снисходительно и в то же время как-то *принуждённо.*

Странный случай подтвердил мои *подозрения.*

Однажды вечером я подошёл к винограднику, где жили Гагины, и увидел, что калитка заперта. Я перескочил через ограду. Недалеко от этого места, в стороне от дорожки, находилась небольшая беседка; когда я проходил мимо… я вдруг услышал голос Аси. Она плакала и произносила следующие слова:

—Нет, я никого не хочу любить, кроме тебя, нет, нет, одного тебя я хочу любить — и навсегда.

—Ася, успокойся, — говорил Гагин, — ты знаешь, я тебе верю.

Я увидел их обоих сквозь ветви деревьев. Они меня не заметили.

—Тебя, тебя одного, — повторила она, бросилась ему на шею и с рыданиями начала целовать его и прижиматься к его груди.

—Ну не надо, — говорил он, слегка проводя рукой по её волосам.

Несколько мгновений остался я неподвижным… Вдруг я вздрогнул. «Может, мне надо подойти к ним?.. Ни за что!» — пронеслось у меня в голове. Быстрыми шагами вернулся я к ограде, перескочил через неё на дорогу и быстро пошёл домой. Я улыбался, удивлялся случаю, который подтвердил мои догадки (я не *сомневался* в их *справедливости*), на сердце у меня было очень горько. «Однако, — думал я, — умеют же они *притворяться!* Не ожидал я этого от него…»

VII

Я спал плохо и утром встал рано, сказал своей хозяйке, чтобы она не ждала меня к ночи, и пошёл в горы,

18

вверх по течению реки, на которой лежит городок З. Я не хотел видеться с Гагиными. Зачем они говорили, что родственники? Впрочем, я старался о них не думать. Бродил не спеша по горам и *долинам*, сидел в деревенских харчевнях*, мирно беседуя с хозяевами и гостями. Погода была прекрасная. Так я с удовольствием провёл три дня, но сердце у меня болело.

Я пришёл домой к концу третьего дня.

Дома я нашёл записку от Гагина. Он просил прийти к ним, как только я вернусь. Я с неудовольствием прочёл эту записку, но на следующий день отправился в Л.

VIII

Гагин встретил меня по-приятельски, но Ася, как только увидела меня, расхохоталась без всякой причины и сразу убежала. Гагин *смутился* и попросил меня извинить её. Я сообщил Гагину подробности моего небольшого путешествия. Он рассказал мне, что делал в эти дни. Но разговора не получалось. Ася входила в комнату и убегала снова; я сказал, наконец, что у меня много работы и что мне пора вернуться домой. Гагин пошёл провожать меня. В передней Ася вдруг подошла ко мне и протянула мне руку; я слегка пожал её пальцы и поклонился ей. Мы вместе с Гагиным переправились через Рейн. Проходя мимо статуи мадонны, мы присели на скамью, чтобы полюбоваться видом. Замечательный разговор произошёл тут между нами.

—Скажите, — начал вдруг Гагин, со своей обычной улыбкой, — какого вы мнения об Асе? Она кажется вам немного странной?

—Да, — ответил я. Я не ожидал, что он заговорит о ней.

19

—Её на́до хорошо́ узна́ть, — сказа́л он, — у неё се́рдце о́чень до́брое. Её нельзя́ вини́ть, и е́сли бы вы зна́ли её исто́рию...

—Её исто́рию?.. — удиви́лся я, — ра́зве она́ не ва́ша...

Га́гин посмотре́л на меня́.

—Вы ду́маете, что она́ не сестра́ мне?.. Она́ то́чно мне сестра́, она́ дочь моего́ отца́. Вы́слушайте меня́. Я чу́вствую к вам дове́рие и расскажу́ вам всё.

Оте́ц мой был челове́к о́чень до́брый, у́мный, образо́ванный — и несчастли́вый. Он жени́лся ра́но, по любви́; жена́ его́, моя́ мать, умерла́ о́чень ско́ро; я оста́лся без неё, когда́ мне бы́ло шесть ме́сяцев. Оте́ц увёз меня́ в дере́вню и двена́дцать лет не выезжа́л никуда́. Он сам занима́лся мои́м воспита́нием. Но одна́жды его́ брат, мой родно́й дя́дя, зае́хал к нам в дере́вню. Дя́дя э́тот жил постоя́нно в Петербу́рге и занима́л ва́жную до́лжность. Он *уговори́л* отца́ отда́ть меня́ ему́ в го́род, так как оте́ц не согаша́лся уе́хать из дере́вни. Дя́дя объясни́л ему́, что мне в тако́м во́зрасте пло́хо жить в *уедине́нии,* что я отста́ну в обуче́нии от мои́х *све́рстников.* Оте́ц согласи́лся с дя́дей. Я пла́кал, я люби́л отца́. Но, когда́ прие́хал в Петербу́рг, о́чень ско́ро забы́л на́шу дере́вню. Я поступи́л в ю́нкерскую шко́лу*, а из шко́лы перешёл в гварде́йский полк*. Ка́ждый год приезжа́л я в дере́вню на не́сколько неде́ль, и ка́ждый раз ви́дел, что оте́ц стано́вится всё бо́лее и бо́лее гру́стным. Он ка́ждый день ходи́л в це́рковь и почти́ не разгова́ривал. Когда́ мне уже́ бы́ло лет два́дцать, я в пе́рвый раз уви́дел у нас в до́ме ху́денькую черногла́зую де́вочку лет десяти́ — Асю. Оте́ц сказа́л, что она́ *сирота́.* Я не обрати́л осо́бенного внима́ния на неё. Но когда́ я входи́л в люби́мую ко́мнату моего́ отца́, где сконча́лась моя́ мать и где да́же днём зажига́лись *све́чи,* она́ сра́зу пря́талась за кре́сло и́ли за шкаф с кни́гами. В сле́дующие три, четы́ре го́да дела́ слу́жбы помеша́ли мне е́здить в дере́вню. Я получа́л от отца́ ежеме́сячно по коро́ткому письму́; об Асе он писа́л ре́дко. Ему́ бы́ло уже́ бо́льше пяти́десяти лет, но он каза́лся ещё молоды́м челове́ком. Предста́вьте же мой *у́жас*: вдруг я получа́ю от прика́зчика* письмо́, в кото́ром он сообща́ет мне о смерте́льной боле́зни моего́ отца́ и о́чень про́сит прие́хать как мо́жно скоре́е, е́сли я хочу́ прости́ться с ним. Я бы́стро прие́хал, оте́ц был ещё жив. Он обра́довался мне, о́бнял меня́ свои́ми худы́ми рука́ми, до́лго гляде́л мне в глаза́. Он взял с меня́ сло́во, что я испо́лню его́ после́днюю про́сьбу. Он приказа́л своему́ ста́рому камерди́неру* привести́ Асю. Стари́к привёл её: она́ с трудо́м держа́лась на нога́х и *дрожа́ла* всем те́лом.

— Вот, — сказа́л мне оте́ц, — *завеща́ю* тебе́ мою́ дочь — твою́ сестру́. Ты всё узна́ешь от Я́кова, — приба́вил он, указа́в на камерди́нера.

Ася запла́кала и упа́ла лицо́м на крова́ть... Полчаса́ спустя́ мой оте́ц у́мер.

Вот что я узна́л. Ася была́ дочь моего́ отца́ и бы́вшей го́рничной* мое́й ма́тери, Татья́ны. Я хорошо́ по́мню э́ту Татья́ну, по́мню её высо́кую стро́йную фигу́ру, её стро́гое, у́мное лицо́, с больши́ми тёмными глаза́ми. Она́ была́ де́вушкой *го́рдой*. От Я́кова я узна́л, что оте́ц мой сошёлся с ней че́рез не́сколько лет по́сле сме́рти ма́тушки*. Оте́ц по́сле моего́ отъе́зда из дере́вни хоте́л да́же жени́ться на ней, но она́ сама́ не согласи́лась быть его́ жено́й. Она́ счита́ла, что го́рничная не мо́жет стать ба́рыней*.

В де́тстве я ви́дел Татья́ну то́лько по пра́здникам, в це́ркви. Когда́ дя́дя увёз меня́, Асе бы́ло всего́ два года. А когда́ ей испо́лнилось де́вять лет, у неё умерла́ мать.

Как то́лько Татья́на умерла́, оте́ц взял Асю к себе́ в дом. Предста́вьте себе́, что должна́ была́ чу́вствовать Ася, когда́ её взя́ли к ба́рину. Она́ до сих пор не мо́жет забы́ть ту мину́ту, когда́ ей в пе́рвый раз наде́ли шёлковое пла́тье и поцелова́ли у неё ру́чку. Мать, пока́ была́ жива́, воспи́тывала её о́чень стро́го; у отца́ она́ по́льзовалась свобо́дой. Он был её учи́телем; кро́ме него́, она́ никого́ не ви́дела. Он люби́л её *стра́стно* и ничего́ ей не запреща́л: он в душе́ счита́л себя́ пе́ред ней винова́тым. Ася ско́ро поняла́, что она́ гла́вное лицо́ в до́ме, она́ зна́ла, что ба́рин её оте́ц. Она́ хоте́ла (она́ сама́ мне оди́н раз сказа́ла э́то) заста́вить весь мир забы́ть её *происхожде́ние*. Она́ и *стыди́лась* свое́й ма́тери, и горди́лась е́ю. Вы ви́дите, что она́ мно́гое зна́ла и зна́ет, чего́ не ну́жно бы́ло знать в её го́ды… Но ра́зве она́ винова́та?

И вот я, двадцатиле́тний молодо́й челове́к, оста́лся с тринадцатиле́тней де́вочкой! В пе́рвые дни по́сле сме́рти отца́, когда́ она́ слы́шала мой го́лос, она́ начина́ла дрожа́ть. И то́лько че́рез не́которое вре́мя она́ *привы́кла* ко мне́. Пра́вда, пото́м, когда́ она́ поняла́, что я полюби́л её, как сестру́, она́ стра́стно ко мне́ *привяза́лась.*

Я привёз её в Петербу́рг. Жить с ней вме́сте я не мог; и я помести́л её в оди́н из лу́чших пансио́нов*. Ася поняла́ необходи́мость на́шей *разлу́ки*, но начала́ с того́, что заболе́ла и чуть не умерла́. Пото́м она́ прожила́ в пансио́не четы́ре го́да; но оста́лась почти́ тако́й же, како́й была́ ра́ньше.

Наконе́ц, ей испо́лнилось семна́дцать лет. В пансио́не воспи́тываются де́вушки до семна́дцати лет, и я забра́л Асю. Я реши́л тогда́ вы́йти в отста́вку* и пое́хать

22

с ней за границу на год или на два. И вот мы с ней на берегах Рейна, где я стараюсь заниматься живописью, а она... шалит по-прежнему. Но теперь я надеюсь, что вы не станете думать о ней слишком строго.

И Гагин опять улыбнулся. Я крепко пожал ему руку.

—До сих пор ей никто не нравился, — заговорил опять Гагин, — но беда, если она кого-нибудь полюбит! Я иногда не знаю, как себя вести с ней. На днях она начала вдруг говорить мне, что она одного меня любит и всегда будет меня одного любить... И при этом сильно плакала.

—Так вот что... — подумал я. — А скажите мне, — спросил я Гагина, — неужели ей до сих пор никто не нравился? В Петербурге видела же она молодых людей?

—Они-то ей и не нравились совсем. Нет, Асе нужен герой, необыкновенный человек. Но я увлёкся разговором с вами, — сказал он, вставая.

—Послушайте, — начал я, — пойдёмте к вам, мне домой не хочется.

—А работа ваша?

Я ничего не отвечал; Гагин усмехнулся, и мы вернулись в Л. Увидев знакомый белый домик на верху горы, я почувствовал какую-то радость на сердце. Мне стало легко после рассказа Гагина.

IX

Ася встретила нас на самом пороге дома; она вышла к нам *бледная*. Она молчала.

—Вот он опять, — заговорил Гагин, — он сам захотел вернуться.

Ася вопросительно посмотрела на меня. Я протянул ей руку и крепко пожал её холодные пальцы. Мне стáло óчень жаль её; тепéрь я мнóгое понимáл: её беспокóйство, желáние покрасовáться. Я пóнял, почемý эта стрáнная дéвочка меня привлекáла: её душá мне нрáвилась.

Гáгин нáчал смотрéть свои рисýнки, я предложил Асе погулять со мнóй по виногрáднику. Онá срáзу согласилась.

—И вам не скýчно бы́ло без нас? — нáчала Ася.

—А вам без меня бы́ло скýчно? — спроси́л я. Ася взглянýла на меня сбóку.

—Да, — отвечáла онá. — Хорошó в горáх? Они высоки́? Вы́ше облакóв? Расскажи́те мне, что вы ви́дели. Вы расскáзывали брáту, но я ничегó не слы́шала.

—Не нáдо бы́ло уходи́ть, — замéтил я.

—Что же вы не расскáзываете? — прошептáла Ася.

—Почемý вы сегóдня рассмеялись, как тóлько уви́дели меня? — спроси́л я.

—Самá не знáю. Иногдá мне хóчется плáкать, а я смеюсь.

Ася подняла́ гóлову.

—Ну, расскáзывайте же, — продолжáла онá.

Я хотéл помолчáть. Всё рáдостно *сияло* вокрýг нас, внизý, над нáми — нéбо, земля и вóды.

—Посмотри́те, как хорошó! — сказáл я.

—Да, хорошó! — отвечáла онá, не смотря на меня. — Éсли бы мы с вáми бы́ли пти́цы, — как бы мы полетéли... Но мы не пти́цы.

—А *кры́лья* мóгут у нас вы́расти, — возрази́л я.

—Как так?

—Поживи́те — узнáете. Есть чýвства, котóрые поднимáют нас от земли. Не беспокóйтесь, у вас бýдут кры́лья.

—А у вас бы́ли?

24

—Ка́жется, до сих пор я ещё не лета́л.

Ася опя́ть заду́малась.

—А вы уме́ете танцева́ть вальс? — спроси́ла она́ вдруг.

—Уме́ю, — отвеча́л я.

—Так пойдёмте, пойдёмте… Я попрошу́ бра́та сыгра́ть нам вальс… Мы *вообрази́м*, что мы лета́ем, что у нас вы́росли кры́лья.

Она́ побежа́ла к до́му. Я побежа́л за ней. Ася танцева́ла прекра́сно. До́лго пото́м рука́ моя́ чу́вствовала *прикоснове́ние* её не́жного *ста́на*, до́лго слы́шалось мне её уско́ренное, бли́зкое дыха́ние, до́лго ви́делись мне тёмные, почти́ закры́тые глаза́ на бле́дном лице́.

X

Весь э́тот день прошёл о́чень хорошо́. Мы весели́лись, как де́ти. Га́гин ра́довался, гля́дя на Асю. Я ушёл по́здно.

XI

На сле́дующий день я шёл к Га́гиным по знако́мой доро́ге. Я не ду́мал о бу́дущем — я да́же о за́втрашнем дне не ду́мал; мне бы́ло о́чень хорошо́.

Ася покрасне́ла, когда́ я вошёл в ко́мнату. Я уви́дел выраже́ние её лица́: оно́ бы́ло печа́льно. А я пришёл таки́м весёлым! Га́гин стоя́л весь в кра́сках пе́ред *холсто́м,* он широко́ разма́хивал по нему́ ки́стью. Он слегка́ кивну́л мне голово́й, отодви́нулся, *прищу́рил* глаза́ и сно́ва на́чал рисова́ть. Я не стал меша́ть ему́ и сел ря́дом с Асей. Ме́дленно посмотре́ли на меня́ её тёмные глаза́.

—Вы сего́дня не така́я, как вчера́, — заме́тил я.

—Нет, не така́я, — согласи́лась она́. — Я нехорошо́ спала́, всю ночь ду́мала.

—О чём?

25

—Ах, я о мно́гом ду́мала. Я ду́мала о том, что я ничего́ не зна́ю, что мне ну́жно учи́ться. Я не уме́ю игра́ть на фортепья́но, не уме́ю рисова́ть. У меня́ нет никаки́х спосо́бностей, со мной, наве́рное, о́чень ску́чно.

—Вы *несправедли́вы* к себе́, — возрази́л я. — Вы мно́го чита́ли, вы образо́ванны, и с ва́шим умо́м...

—А я умна́? — спроси́ла она́. — Брат, я умна́? — спроси́ла она́ Га́гина.

Он ничего́ не отвеча́л ей и продолжа́л труди́ться.

—Я сама́ не зна́ю иногда́, что у меня́ в голове́, — продолжа́ла Ася. — Я иногда́ само́й себя́ бою́сь. Ах, я хоте́ла бы... Это пра́вда, что же́нщинам не ну́жно чита́ть мно́го?

—Мно́го не ну́жно, но...

—Скажи́те мне, что я должна́ чита́ть? Скажи́те, что я должна́ де́лать? Я всё бу́ду де́лать, что вы мне ска́жете.

И её ма́ленькая горя́чая ру́чка кре́пко сжа́ла мою́.

—Н.! — вскри́кнул в э́то мгнове́нье Га́гин, — не тёмный ли э́тот фон?

Я подошёл к нему́. Ася вста́ла и вы́шла.

XII

Ася верну́лась че́рез час. Она́ оста́лась печа́льной до са́мого ве́чера.

—Послу́шайте, — сказа́ла она́ мне незадо́лго до проща́нья, — меня́ му́чает мысль, что вы меня́ счита́ете *легкомы́сленной*... Вы всегда́ ве́рьте тому́, что я вам говори́ть бу́ду, то́лько и вы бу́дьте со мной *открове́нны*: а я вам всегда́ бу́ду говори́ть пра́вду, обеща́ю...

Это «обеща́ю» опя́ть заста́вило меня́ засмея́ться.

—Ах, не сме́йтесь, — проговори́ла она́, — по́мните, вы вчера́ говори́ли о кры́льях?.. Кры́лья у меня́ вы́росли.

—Пе́ред ва́ми все пути́ откры́ты, — сказа́л я.

Ася посмотре́ла мне пря́мо в глаза́.

—Вы сего́дня плохо́го мне́ния обо мне́, — сказа́ла она́.

* * *

«Неуже́ли она́ меня́ лю́бит?» — ду́мал я, подходя́ к Ре́йну.

XIII

«Неуже́ли она́ меня́ лю́бит?» — спра́шивал я себя́ на друго́й день, когда́ просну́лся. Я пошёл в Л. и был там весь день, но Асю ви́дел то́лько *ме́льком.* У неё голова́ боле́ла, она́ спусти́лась на мину́тку, бле́дная, ху́денькая, с почти́ закры́тыми глаза́ми. Она́ сла́бо улыбну́лась и сказа́ла: «Это пройдёт, э́то ничего́, всё пройдёт, не пра́вда ли?» — и ушла́. Мне ста́ло ску́чно и ка́к-то гру́стно-пу́сто; но я до́лго не хоте́л уходи́ть и верну́лся домо́й по́здно.

На сле́дующее у́тро я хоте́л нача́ть рабо́тать, но не мог. Хоте́л ничего́ не де́лать и не ду́мать… и э́то не получа́лось. Я броди́л по го́роду; возвраща́лся домо́й, выходи́л сно́ва.

—Вы ли господи́н* Н.? — услы́шал я де́тский го́лос. Я огляну́лся; передо мно́й стоя́л ма́льчик. — Это вам от фре́йлейн* Annette, — сказа́л он и дал мне запи́ску.

Я узна́л непра́вильный и бы́стрый по́черк Аси. «Я обя́зательно должна́ вас ви́деть, — писа́ла мне она́, — приходи́тс сего́дня в четы́ре часа́ к ка́менной часо́вне*. Приди́те, пожа́луйста, вы всё узна́ете…»

XIV

Я пришел к себе́ в ко́мнату, сел и заду́мался. Се́рдце во мне си́льно би́лось. Не́сколько раз перечита́л я запи́ску Аси.

Дверь откры́лась — вошёл Га́гин.

Он схвати́л меня́ за́ руку и кре́пко пожа́л её. Он был о́чень *взволно́ванным*.

—Что с ва́ми? — спроси́л я. Га́гин взял стул и сел напро́тив меня́.

—Вы *благоро́дный* челове́к, вы мне друг! Послу́шайте: моя́ сестра́, Ася, в вас влюблена́, — проговори́л он, *запина́ясь.*

Я вздро́гнул и приподня́лся...

—Ва́ша сестра́, говори́те вы...

—Да, да, — переби́л меня́ Га́гин. — Я вам говорю́, она́ *сумасше́дшая* и меня́ с ума́ сведёт. Но, к сча́стью, она́ не уме́ет лгать — и доверя́ет мне.

—Да вы ошиба́етесь, — на́чал я.

—Нет, не ошиба́юсь. Вчера́, вы зна́ете, она́ почти́ весь день пролежа́ла, ничего́ не е́ла, но не жа́ловалась... Она́ никогда́ не жа́луется. Я не беспоко́ился, хотя́ к ве́черу у неё подняла́сь температу́ра. Сего́дня, в два часа́ но́чи, меня́ разбуди́ла на́ша хозя́йка: «Иди́те, говори́т, к ва́шей сестре́: ей пло́хо». Я побежа́л к Асе, она́ пла́кала, голова́ у неё была́ горя́чая, зу́бы стуча́ли. «Что с тобо́й? — спроси́л я, — ты больна́?» Она́ бро́силась мне на ше́ю и начала́ умоля́ть меня́ увезти́ её как мо́жно скоре́е, е́сли я хочу́, что́бы она́ оста́лась в живы́х... Я ничего́ не понима́ю, стара́юсь её успоко́ить... Она́ вдруг сказа́ла, что лю́бит вас.

Вы о́чень ми́лый челове́к, — продолжа́л Га́гин, — но почему́ она́ вас так полюби́ла — э́того я, признаю́сь, не понима́ю. Она́ говори́т, что полюби́ла вас с пе́рвого взгля́да. Поэ́тому она́ и пла́кала, когда́ говори́ла мне, что, кро́ме меня́, никого́ люби́ть не хо́чет. Она́ ду́мает, что вы её *презира́ете*, что вы зна́ете, кто она́. Она́ спра́шивала меня́, рассказа́л ли я вам её исто́рию. Я, коне́чно, сказал ей, что нет. Она хочет одного: уехать, уехать *тотчас*. Я просидел с ней до утра; она взяла с меня слово, что мы завтра же уедем, — и тогда только она заснула. Я подумал, подумал и решился — поговорить с вами. По-моему, Ася права: самое лучшее — уехать нам обоим отсюда. И я сегодня же хотел увезти её, но я вдруг подумал, может быть, вам сестра моя нравится? Если так, почему я должен увезти её? Я вот и решился узнать от вас...

Я взял его за руку.

— Вы хотите знать, — сказал я твёрдым голосом, — нравится ли мне ваша сестра? Да, она мне нравится...

Гагин взглянул на меня.

— Но, — проговорил он, — ведь вы не женитесь на ней?

— Как вы хотите, чтобы я отвечал на такой вопрос? Подумайте сами, могу ли я теперь...

— Знаю, знаю, — перебил меня Гагин. — Я не имею никакого права требовать от вас ответа... Но что мне делать? Вы не знаете Асю; она может заболеть, убежать, свидание вам назначить... С нею это в первый раз, — вот что беда! Если бы вы видели, как она сегодня *рыдала* у ног моих, вы бы поняли мои *опасения*.

Я задумался. И понял, что должен ответить откровенностью на его честную откровенность.

— Да, — сказал я наконец, — вы правы. Час тому назад я получил от вашей сестры записку. Вот она.

Гагин взял записку, быстро прочитал её и уронил руки на колени.

— Вы, повторяю, благородный человек, — проговорил он, — но что же теперь делать? Как? Она сама хочет уехать, и пишет вам... И когда это она успела написать? Чего же она хочет от вас?

29

Я успоко́ил его́, и мы на́чали говори́ть о том, что нам ну́жно де́лать.

Вот о чём мы договори́лись, наконе́ц: чтобы не́ было беды́, я до́лжен был идти́ на свида́ние и че́стно объясни́ться с Асей. Га́гин обеща́л сиде́ть до́ма и не расска́зывать, что зна́ет о запи́ске. А ве́чером мы договори́лись с ним встре́титься опя́ть.

—Я наде́юсь на вас, — сказа́л Га́гин, — а уезжа́ем мы всё-таки за́втра, — приба́вил он, встава́я, — потому́ что ведь вы на Асе не же́нитесь.

—Да́йте мне вре́мя до ве́чера, — возрази́л я.

—Хорошо́, но вы не же́нитесь.

Он ушёл, а я бро́сился на дива́н и закры́л глаза́. Я *доса́довал* на открове́нность Га́гина, я доса́довал на Асю, её любо́вь меня́ и ра́довала и смуща́ла. Я не мог поня́ть, почему́ она́ всё рассказа́ла бра́ту...

XV

Я перепра́вился че́рез Рейн и встре́тил на противополо́жном берегу́ того́ ма́льчика, кото́рый приходи́л ко мне у́тром. Он ждал меня́.

—От фре́йлейн Annette, — сказа́л он шёпотом и по́дал мне другу́ю запи́ску.

Ася писа́ла мне о переме́не ме́ста на́шего свида́ния. Я до́лжен был прийти́ че́рез полтора́ часа́ не к часо́вне, а в дом фра́у Луи́зе, постуча́ться внизу́ и войти́ на тре́тий эта́ж.

У меня́ не́ было вре́мени верну́ться домо́й, я не хоте́л броди́ть по у́лицам. За городско́й стено́й находи́лся ма́ленький сад. Я пошёл туда́. Хоро́шенькая служа́нка* принесла́ мне кру́жку пи́ва. Я на́чал ду́мать о бу́дущем свида́нии. С тяжёлым се́рдцем шёл я на э́то свида́ние. Я до́лжен был сдержа́ть да́нное сло́во. До́лго боро́лись во мне чу́вства. «Я не могу́ на ней жени́ться, — реши́л я, наконе́ц, — она́ не узна́ет, что и я полюби́л её».

Я встал и пошёл к до́му фра́у Луи́зе. Я ти́хо сту́кнул в дверь; она́ то́тчас отвори́лась. Я переступи́л поро́г и оказа́лся в темноте́.

—Сюда́! — услы́шал я го́лос. — Вас ждут.

—Вы э́то, фра́у Луи́зе? — спроси́л я.

—Я, — отвеча́л мне тот же го́лос, — я, мой прекра́сный молодо́й челове́к.

Стару́ха повела́ меня́ вверх по ле́стнице и останови́лась на площа́дке тре́тьего этажа́. Она́ указа́ла мне на ма́ленькую дверь. Я откры́л её и захло́пнул за собо́й.

XVI

В небольшо́й ко́мнате бы́ло темно́, и я не сра́зу уви́дел Асю. Она́ сиде́ла на сту́ле во́зле окна́. Она́ дыша́ла бы́стро и вся дрожа́ла. Мне ста́ло жа́лко её. Я подошёл к ней. Она́ отверну́ла го́лову…

—Анна Никола́евна, — сказа́л я.

Она́ вдруг вся вы́прямилась, хоте́ла взгляну́ть на меня́ — и не могла́. Я схвати́л её ру́ку, она́ была́ холо́дная и лежа́ла как мёртвая на мое́й ладо́ни.

—Я жела́ла… — начала́ Ася, стара́ясь улыбну́ться, но её бле́дные гу́бы не слу́шались её, — я хоте́ла… Нет, не могу́, — сказа́ла она́ и замолча́ла.

Я сел о́коло неё.

—Анна Никола́евна, — повтори́л я и то́же не мог ничего́ сказа́ть.

Наста́ло молча́ние. Я продолжа́л держа́ть её ру́ку и гляде́л на неё. Она́ дыша́ла с трудо́м и стара́лась не запла́кать… Се́рдце во мне раста́яло…

—Ася, — сказа́л я ти́хо…

31

Она́ ме́дленно подняла́ на меня́ свои́ глаза́... О, взгляд же́нщины, кото́рая полюби́ла, — кто тебя́ опи́шет? Я нагну́лся и *прини́к* к её руке́... Когда́ я по́днял го́лову, я уви́дел её лицо́. Как оно́ вдруг *преобрази́лось*! Я забы́л всё, я потяну́л её к себе́ — *шаль* покати́лась с плеч, и голова́ её ти́хо легла́ на мою́ грудь, легла́ под мои́ гу́бы...

—Ва́ша... — прошепта́ла она́ о́чень ти́хо.

Уже́ ру́ки мои́ скользи́ли вокру́г её ста́на... Но вдруг я вспо́мнил о Га́гине.

—Что мы де́лаем!.. — воскли́кнул я и отодви́нулся наза́д. — Ваш брат... ведь он всё зна́ет... Он зна́ет, что я сейча́с с ва́ми.

Ася опусти́лась на стул.

—Да, — продолжа́л я, встава́я и отходя́ на друго́й у́гол ко́мнаты. — Ваш брат всё зна́ет... Я до́лжен был ему́ всё сказа́ть.

—Должны́? — проговори́ла она́. Она́, ви́димо, ещё пло́хо меня́ понима́ла.

—Да, да, — повтори́л я, — и в э́том то́лько вы винова́ты, то́лько вы. Заче́м вы са́ми рассказа́ли о ва́шей та́йне? Кто заставля́л вас всё вы́сказать ва́шему бра́ту? Он сего́дня был сам у меня́ и переда́л мне ваш разгово́р с ним. — Я стара́лся не гляде́ть на Асю и ходи́л больши́ми шага́ми по ко́мнате.

Ася хоте́ла подня́ться со сту́ла.

—Оста́ньтесь, — воскли́кнул я, — оста́ньтесь, прошу́ вас. Вы име́ете де́ло с че́стным челове́ком — да, с че́стным челове́ком.

—Я не звала́ бра́та, — ти́хо сказа́ла Ася, — он пришёл сам.

—Посмотри́те же, что вы наде́лали, — продолжа́л я. — Тепе́рь вы хоти́те уе́хать...

—Да, я должна́ уе́хать, — так же ти́хо проговори́ла она́, — я и попроси́ла вас сюда́ для того́ то́лько, что́бы прости́ться с ва́ми.

—И вы ду́маете, — возрази́л я, — мне бу́дет легко́ с ва́ми расста́ться?

—Но заче́м же вы сказа́ли бра́ту? — спроси́ла Ася.

—Я вам говорю́ — я не мог поступи́ть ина́че. И вот тепе́рь всё ко́нчено! — на́чал я сно́ва. — Всё. Тепе́рь нам ну́жно расста́ться. — Я взгляну́л на Асю... лицо́ её бы́стро красне́ло. Ей, я э́то чу́вствовал, и сты́дно бы́ло, и стра́шно.

Пока́ я говори́л, Ася всё бо́льше и бо́льше наклоня́лась вперёд — и вдруг упа́ла на коле́ни, урони́ла го́лову на ру́ки и зарыда́ла. Я подбежа́л к ней, пыта́лся подня́ть её.

—Анна Никола́евна, Ася, — повторя́л я, — пожа́луйста, умоля́ю вас, переста́ньте... — Я сно́ва взял её за́ руку...

Но, к моему́ удивле́нию, она́ вдруг вскочи́ла — бро́силась к две́ри и *исче́зла*...

Когда́ че́рез не́сколько мину́т фра́у Луи́зе вошла́ в ко́мнату — я всё ещё стоя́л на са́мой середи́не её. Я не понима́л, как могло́ э́то свида́ние так бы́стро, так глу́по ко́нчиться — ко́нчиться, когда́ я и со́той до́ли не сказа́л того́, что хоте́л, что до́лжен был сказа́ть...

—Фре́йлейн ушла́? — спроси́ла меня́ фра́у Луи́зе.

Я посмотре́л на неё как дура́к — и вы́шел.

XVII

Я вы́шел из го́рода. Я *упрека́л* себя́. О́браз Аси меня́ пресле́довал, я проси́л у неё проще́ния. Воспомина́ния об э́том бле́дном лице́, об э́тих глаза́х, о прикоснове́нии её головы́ к мое́й груди́ — *жгли* меня́. «Ва́ша...» — слышался мне её шёпот. «Я поступи́л по *со́вести*», — говори́л я себе́… Непра́вда! Ра́зве я могу́ с ней *расста́ться*? «*Безу́мец! безу́мец!*» — повторя́л я…

Уже́ наступа́ла ночь. Больши́ми шага́ми пошёл я к до́му, где жила́ Ася.

XVIII

Га́гин вы́шел ко мне́ навстре́чу.

— Ви́дели вы сестру́? — закрича́л он мне ещё и́здали.

— Ра́зве её нет до́ма? — спроси́л я.

— Нет.

— Она́ не возвраща́лась?

— Нет. Я винова́т, — продолжа́л Га́гин, — не мог утерпе́ть: ходи́л к часо́вне; там её не́ было; зна́чит, она́ не приходи́ла?

— Она́ не была́ у часо́вни.

— И вы её не ви́дели?

Я до́лжен был созна́ться, что я её ви́дел.

— Где?

— У фра́у Луи́зе. Я расста́лся с ней час тому́ наза́д, — приба́вил я, — я ду́мал, что она́ домо́й верну́лась.

— Подождём, — сказа́л Га́гин.

Мы вошли́ в дом и се́ли. Мы молча́ли, наконе́ц Га́гин встал.

— Пойдёмте иска́ть её, — воскли́кнул он.

Мы вы́шли. Бы́ло уже́ совсе́м темно́.

— О чём же вы с ней говори́ли? — спроси́л меня́ Га́гин.

— Я ви́делся с ней всего́ мину́т пять, — отвеча́л я, — я говори́л с ней, как мы договори́лись с ва́ми.

— Зна́ете что? — сказа́л он, — лу́чше нам разойти́сь; так мы скоре́е её найдём. Приходи́те сюда́ че́рез час.

34

XIX

Я спустился с виноградника и бросился в город. Быстро обошёл я все улицы, заглянул даже в окна фрау Луизе, вернулся к Рейну и побежал по берегу... Асю я нигде не видел. Я звал Асю сначала тихо, потом всё громче и громче; я повторял сто раз, что я её люблю, *я клялся* никогда с ней не расставаться. Я бы дал всё на свете, чтобы опять держать её холодную руку, опять слышать её тихий голос, опять видеть её перед собой...

«Куда могла она пойти, что она с собою сделала?» — думал я.

Я решился пойти узнать у Гагина, может быть, он нашёл её.

XX

Я быстро поднимался по тропинке виноградника и увидел свет в комнате Аси... Это меня немного успокоило.

Я подошёл к дому; дверь внизу была заперта, я постучался. Окошко в нижнем этаже осторожно отворилось, и показалась голова Гагина.

—Нашли? — спросил я его.

—Она вернулась, — отвечал он мне шёпотом, — она в своей комнате и раздевается. Всё нормально.

—Слава Богу! — воскликнул я, — слава Богу! Теперь всё прекрасно. Но вы знаете, мы должны ещё переговорить.

—В другое время, — сказал он, — в другое время, а теперь прощайте.

—До завтра, — проговорил я, — завтра всё будет решено.

—Прощайте, — повторил Гагин. Окно закрылось.

Я хотел тогда же сказать Гагину, что я прошу руки* его сестры. «До завтра, — подумал я, — завтра я буду счастлив...»

Завтра я буду счастлив! У счастья нет завтрашнего дня; у него нет и вчерашнего; оно не помнит прошедшего, не думает о будущем; у него есть настоящее — и то не день — а мгновенье.

Я не помню, как дошёл до З. Меня поднимали какие-то широкие, сильные крылья. Я прошёл мимо куста, где пел *соловей*. Я остановился и долго слушал: мне казалось, он пел мою любовь и моё счастье.

XXI

Когда, на другой день утром, я стал подходить к знакомому домику, меня удивило то, что все окна в нём были раскрыты, и дверь тоже была раскрыта; какие-то бумажки валялись перед порогом; служанка стояла за дверью.

Я подошёл к ней...

—Уехали! — сказала она, прежде чем я успел спросить её: дома ли Гагин?

—Уехали?.. — повторил я. — Как уехали? Куда?

—Уехали сегодня утром, в шесть часов, и не сказали куда. Постойте, ведь вы, кажется, господин Н.?

—Я господин Н.

—Для вас есть письмо у хозяйки. — Служанка пошла наверх и вернулась с письмом. — Вот, возьмите.

—Да не может быть... Как же это так?.. — начал я.

Я развернул письмо. Мне писал Гагин; от Аси ничего не было. Он просил не сердиться на него за неожиданный отъезд. Он был уверен, что, подумав хорошо, я одобрю его решение. «Вчера вечером, — писал он, — пока мы оба молча ждали Асю, я окончательно понял, что разлука необходи́ма. Есть *предрассу́дки*, кото́рые я уважа́ю; я понима́ю, что вам нельзя́ жени́ться на Асе. Она́ мне всё сказа́ла». В конце́ письма́ он сожале́л о том, что на́ше знако́мство так ско́ро зако́нчилось, жела́л мне сча́стья, дру́жески жал мне ру́ку и умоля́л меня́ не иска́ть их.

«Каки́е предрассу́дки? — вскрича́л я, как бу́дто он мог меня́ слы́шать. Кто дал пра́во *похи́тить* её у меня́...» Я схвати́л себя́ за го́лову...

Я реши́л обяза́тельно найти́ их. Я узна́л у хозя́йки, что они́ в шесть часо́в утра́ се́ли на парохо́д и поплы́ли вниз по Ре́йну. В ка́ссе мне сказа́ли, что они́ взя́ли биле́ты до Кёльна. Я пошёл домо́й, чтобы то́тчас собра́ть ве́щи и поплы́ть вслед за ни́ми. Я шёл ми́мо до́ма фра́у Луи́зе... Вдруг я слы́шу: меня́ зовёт кто-то. Я по́днял го́лову и уви́дел в окне́ той са́мой ко́мнаты, где я накану́не ви́делся с Асей, фра́у. Она́ улыба́лась и сказа́ла, что у неё есть что-то для меня́. Эти слова́ меня́ останови́ли, и я вошёл в её дом.

Стару́ха передала́ мне ма́ленькую запи́ску.

Я взял запи́ску и прочита́л:

«Проща́йте, мы не уви́димся бо́лее. Я уезжа́ю. Вчера́, когда́ я пла́кала пе́ред ва́ми, е́сли б вы мне сказа́ли одно́ сло́во, одно́ то́лько сло́во — я бы оста́лась. Вы его́ не сказа́ли. Проща́йте навсегда́!»

Одно́ сло́во... О, я дура́к! Это сло́во... я со слеза́ми повторя́л его́ накану́не. Но я не сказа́л его́ ей, я не сказа́л ей, что я люблю́ её... Да я и не мог произнести́ тогда́ э́то сло́во. Когда́ я встре́тился с ней в той ко́мнате, я ещё не *сознава́л*, что люблю́ её. Я по́нял, что люблю́ её то́лько тогда́, когда́ я стал иска́ть и звать её... но ужё тогда́ бы́ло по́здно.

В тот же день я верну́лся с чемода́ном в го́род Л. и поплы́л в Кёльн.

XXII

В Кёльне я узнал, что они поехали в Лондон; я поехал за ними. Но в Лондоне все мои поиски были напрасными.

И я не увидел более Асю. Она навсегда для меня исчезла. Я даже не знаю, жива ли она. Однажды, через несколько лет, я увидел за границей, в вагоне железной дороги, женщину, лицо которой было похоже на неё… но я ошибся. Ася осталась в моей памяти той самой девочкой, какой я знал её в лучшие годы моей жизни. Какой я её видел в последний раз.

Но я должен сказать, что я не долго грустил по ней: я даже подумал, что судьба хорошо сделала и не соединила меня с Асей. Вероятно, я не был бы счастлив с такой женой. Я был тогда молод — думал, что будущее может повториться и станет ещё лучше, ещё прекраснее?.. Я знал других женщин, — но то нежное чувство, которое я испытывал к Асе, уже не повторилось.

Я одинок, семьи у меня не было. Я доживаю скучные годы, но храню её записки и высохший цветок герания. Тот самый цветок, который она когда-то бросила мне из окна. Он до сих пор чуть-чуть пахнет. А рука, которая дала его, та рука, которую я только один раз прижал к губам, быть может, давно уже в могиле… И я сам — что стало со мной? Что осталось от меня, от тех замечательных дней, от тех надежд и *стремлений*? Так слабый запах маленького цветка переживает все радости и все горести человека — переживает самого человека.

1858 год

Комментарий

Орёл — го́род в европе́йской ча́сти Росси́и.

Дворя́нство — са́мое привилегиро́ванное сосло́вие (социа́льная гру́ппа люде́й) ца́рской Росси́и.

Име́ние — в Росси́и до 1917 го́да земе́льное владе́ние (жило́й дом с са́дом).

Пансио́н — шко́ла для ученико́в, где они́ у́чатся и живу́т.

Guten Abend! *нем.* — До́брый ве́чер!

Ста́туя мадо́нны — у като́ликов: Богома́терь.

Земля́ — в Австрии и Герма́нии: кру́пная администрати́вно-территориа́льная едини́ца.

Венге́рка — вое́нная ку́ртка с высо́кой та́лией и наши́тыми шнура́ми.

Фура́жка — мужско́й головно́й убо́р с козырько́м.

Guten Abend, Madame! *нем.* — До́брый ве́чер, мада́м!

Ба́рышня — де́вушка из интеллиге́нтной среды́.

Кни́ксен — ве́жливый покло́н с приседа́нием.

Фра́у — в Герма́нии: обраще́ние к заму́жней же́нщине.

Бургоми́стр — в не́которых стра́нах За́падной Евро́пы, а та́кже в Росси́и (до середи́ны XIX ве́ка) глава́ городско́го управле́ния.

Гера́ниум (гера́нь) — декорати́вное расте́ние с си́льным за́пахом.

Галате́я — знамени́тая фре́ска «Триу́мф Галате́и» рабо́ты Рафаэ́ля.

Дворяни́н — лицо́, принадлежа́щее к **дворя́нству**.

Харче́вня — дешёвый рестора́н.

Юнкерская шко́ла — в Росси́и до 1917 го́да назва́ние вое́нного учи́лища.

Гвардейский полк — привилегированная воинская часть.

Приказчик — наёмный служащий, управляющий имением помещика.

Камердинер — слуга при господине.

Горничная — женщина, которая убирает в доме хозяина.

Матушка — ласковое обращение к матери.

Барыня (барин) — в России до 1917 года вежливое обращение к представителям привилегированного общества.

Выйти в отставку — уволиться с военной службы.

Господин — форма вежливого обращения к мужчине.

Фрейлейн — в Германии: обращение к незамужней женщине.

Часовня — небольшое церковное здание с иконами.

Просить руки — просить разрешения жениться у кого-то из родственников будущей жены.

Служанка — женщина-слуга, выполняет различные поручения хозяев.

Задания[1]

Проверьте, как вы поняли текст

Ответьте на вопросы.

1. Как зовут главных героев повести? Сколько им лет?
2. Где познакомились молодые люди?
3. Чем молодые люди любили заниматься, как они проводили время?
4. Что понравилось Н.Н. в Гагине?
5. Какой была Ася? Как она себя вела?
6. Почему Н.Н. провёл три дня в горах и потом не хотел видеться с Гагиным?
7. Кем были родители Гагина и Аси?
8. Зачем Гагин рассказал Н.Н. историю Аси?
9. О чём Ася писала Н.Н. в первой записке?
10. О чём договорились Гагин с Н.Н.?
11. Как прошло свидание Н.Н. с Асей у фрау Луизе?
12. Что говорил Н.Н. на свидании с Асей? Как он себя вёл?
13. Почему Ася заплакала и убежала?
14. Что чувствовал Н.Н. после свидания с Асей?
15. Почему Н.Н. не смог поговорить с Асей на следующий день после свидания?
16. О чём писал Гагин в письме?
17. Почему Н.Н. поехал за Гагиным с Асей?

Отметьте предложения, где написана правда → $\boxed{П}$, а где написана неправда → $\boxed{Н}$.

1. $\boxed{П}$ Ася и Гагин — брат и сестра.
2. $\boxed{}$ Н.Н. полюбил Асю с первого взгляда.

---

[1] Задания предлагаются различной сложности (А2 – В1) и могут использоваться выборочно в зависимости от уровня подготовки учащихся.

3. ☐ Асе не нравились молодые люди, ей нужен был герой, необыкновенный человек.

4. ☐ Н.Н. писал Асе и признавался ей в любви.

5. ☐ После отъезда Аси из города З. Н.Н. быстро забыл девушку.

Найдите в тексте.

1. Описание знакомства Н.Н. с Асей и Гагиным.

2. Описание внешности Гагина и Аси.

3. История жизни Гагина и Аси.

4. Сцена свидания Н.Н. с Асей у фрау Луизе.

5. Тексты записок, которые Ася писала Н.Н.

Выполните тест.

Выберите правильный вариант ответа к каждому из заданий и отметьте его в рабочей матрице. Проверьте себя по контрольной матрице. (Ответы смотрите в конце книги.)

Образец:

| 1 | А | Б | В |

1. Повесть «Ася» — это воспоминания … .
   - (А) молодого человека
   - (Б) молодой девушки
   - (В) мужчины, которому лет сорок

2. Н.Н. во время путешествия интересовали только … .
   - (А) люди
   - (Б) памятники
   - (В) традиции и праздники

3. Н.Н. познакомился с Асей в … .
   - (А) Германии
   - (Б) Англии
   - (В) России

4. После первого визита к Гагину и Асе Н.Н. чувствовал себя … .
   - (А) счастливым
   - (Б) грустным
   - (В) усталым

5. Н.Н. сомневался, что Ася сестра Гагина, потому что ... .
   (А) видел разницу в их воспитании и образовании
   (Б) внешне они не были похожи друг на друга
   (В) слышал, как Ася признавалась Гагину в любви

6. Гагин любил заниматься ... .
   (А) музыкой
   (Б) живописью
   (В) историей

7. В Петербурге Ася ... .
   (А) училась в юнкерской школе
   (Б) получила домашнее образование
   (В) воспитывалась в пансионе

8. Ася подарила ветку герациума ... .
   (А) фрау Луизе
   (Б) господину Н.Н.
   (В) Гагину

9. Н.Н. назвал Асю хамелеоном, потому что девушка ... .
   (А) была просто одета
   (Б) весь день сидела дома у окна
   (В) её поведение часто менялось

10. Гагин просит Н.Н. ... .
    (А) честно поговорить с девушкой на свидании
    (Б) немедленно уехать в другой город
    (В) жениться на Асе

11. В сцене последней встречи с Асей Н.Н. ведёт себя ... .
    (А) виновато
    (Б) решительно
    (В) нерешительно и трусливо

12. Узнав, что Гагин с Асей рано утром уехали, Н.Н. ... .
    (А) едет за ними
    (Б) остаётся в городе З.
    (В) возвращается в Россию

13. Н.Н. сохранил записки Аси и цветок гераниума, потому что они напоминают о его … .

    (А) молодости

    (Б) единственной любви

    (В) путешествии по Европе

14. Господин Н.Н. … .

    (А) никогда не был женат

    (Б) нашёл Асю и женился на ней

    (В) был счастлив в браке с другой женщиной

Рабочая матрица

1	А	Б	В
2	А	Б	В
3	А	Б	В
4	А	Б	В
5	А	Б	В
6	А	Б	В
7	А	Б	В
8	А	Б	В
9	А	Б	В
10	А	Б	В
11	А	Б	В
12	А	Б	В
13	А	Б	В
14	А	Б	В

Лексико-грамматические задания

1. Выберите правильный вариант употребления падежной формы, неправильный вариант зачеркните.

Образец: Гагин рассказал мне о своих планах на будущее: он хотел заниматься ~~живописи~~ / **живописью.**

1. В городке **меня** / **мне** понравились древние стены и башни.

2. Собственное имя её было Анна, но Гагин называл её Асей, и вы разрешите **меня** / **мне** её так называть.

3. Она до сих пор не может забыть ту минуту, когда в первый раз поцеловали её **ручку** / **ручкой.**

4. Я не умею играть **с фортепьяно** / **на фортепьяно**, не умею рисовать.

5. Ася, видимо, ещё плохо **мне** / **меня** понимала.

6. Я развернул записку — и узнал **неправильного и быстрого почерка** / **неправильный и быстрый почерк** Аси.

7. Ася спросила **Гагин** / **Гагина**: может ли она пойти к фрау Луизе?

8. Я положил ветку гераниума **в карман** / **в кармане**.

9. Я переправился через Рейн и встретил на противоположном берегу **мальчику** / **мальчика**, который приходил ко мне утром.

10. В конце письма он сожалел о том, что наше знакомство так скоро закончилось, желал мне **счастья** / **счастье.**

2. Выберите глагол несовершенного или совершенного вида, неправильный вариант зачеркните.

Образец: Дома я ~~находил~~ / **нашёл** записку от Гагина.

1. Я часто **смотрел** / **посмотрел** на Рейн и долгие часы **сидел** / **посидел** на каменной скамье под одиноким огромным деревом.

2. Мы спустились в город и **останавливались** / **остановились** перед четырёхэтажным домом.

3. Эту квартиру **находила** / **нашла** Ася.

4. Мы сели за стол и начали **ужинать** / **поужинать**.

5. Гагин попросил **приносить** / **принести** бутылку рейн-вейна.

6. Гагин обещал **навещать** / **навестить** меня на следующий день.

7. Мы велели подать себе кофе и начали **беседовать** / **побеседовать**.

8. Так пойдёмте, пойдёмте, я попрошу брата **играть** / **сыграть** нам вальс.

3. Выберите правильный вариант употребления глаголов движения с приставками, неправильный вариант зачеркните.

Образец: На следующее утро я опять **пошёл** / ~~подошёл~~ в Л.

1. Ася вдруг опустила голову, замолчала и вздохнула, а потом сказала нам, что хочет спать, и **ушла** / **пришла** в дом.

2. На другое утро стук палки раздался у меня под окном, **обошёл** / **пришёл** Гагин.

3. Ася продолжала сидеть, но вдруг засмеялась, спрыгнула со стены и **подошла** / **дошла** к нам.

4. Мы **обошли** / **пошли** развалину кругом и полюбовались видами.

5. Когда через несколько минут фрау Луизе **вошла** / **дошла** в комнату — я всё ещё стоял на самой середине её.

6. Я молча положил ветку в карман, **дошёл** / **подошёл** до перевоза и перебрался на другую сторону.

7. Я **вошёл** / **прошёл** мимо куста, где пел соловей.

8. Мы по пути **зайдём** / **отойдём** к фрау Луизе.

9. Мы **вошли** / **обошли** в дом и сели.

10. Я должен был **прийти** / **пройти** через полтора часа не к часовне, а в дом фрау Луизе.

4. Выберите правильный вариант употребления союза, союзного слова, неправильный вариант зачеркните.

Образец: Она говорит, **что / чтобы** полюбила вас с первого взгляда.

1. Я надеюсь на вас, а мы уезжаем завтра, **потому что / поэтому** ведь вы на Асе не женитесь.

2. Мой дядя уговорил отца отдать меня ему в город, **пока / так как** отец не соглашался уехать из деревни.

3. Моя мать умерла, **когда / где** мне было шесть месяцев.

4. Однажды вечером я подошёл к винограднику, **когда / где** жили Гагины, и увидел, что калитка заперта.

5. Я пошёл домой, **что / чтобы** собрать вещи и поплыть вслед за ними.

6. В Кёльне я узнал, **что / чтобы** они поехали в Лондон.

5. Замените прямую речь косвенной. Запишите свой вариант.

Образец: Мы живём за городом, в винограднике, — сказал Гагин. — Гагин сказал, что они живут за городом, в винограднике.

1. «Ася, успокойся», — сказал Гагин.

2. «Почему вы сегодня смеялись?» — спросил Н.Н. у Аси.

3. «Вы умеете вальсировать?» — спросила у Н.Н. Ася.

4. «Я не звала брата», — тихо сказала Ася.

6. Выберите правильный вариант употребления наречия в предложении, неправильный вариант зачеркните.

Образец: Я пришёл ~~дома~~ / **домой** и начал думать об Асе.

1. Ася осталась **дома / домой**.

2. **Домой / Дома** я нашёл записку от Гагина.

3. Вернувшись **дома / домой**, она ушла к себе в комнату и появилась только к обеду.

4. Старуха повела меня **вверх / вверху** по лестнице и остановилась на площадке третьего этажа.

5. Приходите **сюда / здесь** через час.

6. За городской стеной находился маленький сад. Я пошёл **там / туда**.

7. Пока я говорил, Ася всё больше и больше наклонялась **впереди / вперёд** — и вдруг упала на колени, уронила голову на руки и зарыдала.

7. Выберите правильный вариант употребления неопределённых местоимений, неправильный вариант зачеркните.

Образец: Меня поднимали **какие-то** / ~~какие-нибудь~~ широкие, сильные крылья.

1. Ася не была похожа на барышню, во всех её движениях было **что-то** / **что-нибудь** неспокойное.

2. Было **что-нибудь** / **что-то** своё, особенное, в её круглом лице, с небольшим тонким носом и чёрными глазами.

3. Она улыбалась и сказала, что у неё есть **что-то** / **что-нибудь** для меня.

4. До сих пор ей никто не нравился, — заговорил опять Гагин, — но беда, если она **кое-кого** / **кого-нибудь** полюбит!

5. Я храню цветок, который она **когда-нибудь** / **когда-то** бросила мне из окна.

8. Подберите синонимы к словам.

Образец: Тихий = спокойный

Милый = ...   Печальный =...
Необычный = ...   Легкомысленный = ...
Большой = ...

Слова для справок: огромный, несерьёзный, необыкновенный, грустный, симпатичный.

9. Подберите антонимы к словам.

Образец: Уезжать ≠ приезжать

Вспоминать ≠ ...   Ложиться ≠ ...
Провожать ≠ ...   Умирать ≠ ...
Встречаться ≠ ...   Плакать ≠ ...
Надевать ≠ ...

Слова для справок: жить, забывать, снимать, вставать, встречать, прощаться, смеяться.

10. Подберите и запишите однокоренные слова.

Образец: Прощаться — прощание

Беседовать — …   Ужас — …
Виноградник — …   Терпение — …

11. Выберите из списка те слова, которые лучше всего описывают характер Аси и Н.Н. Подтвердите примерами из текста.

Ася — … .
Н.Н. — … .

Слова для справок: трусливый, нерешительный, искренний, безответственный, смелый, решительный, добрый, чуткий.

12. Составьте текст из следующих фраз.

Тот самый цветок, который она когда-то бросила мне из окна.

Я одинок, семьи у меня не было.

Я доживаю скучные годы, но храню её записки и высохший цветок гераниума.

А рука, которая дала его, та рука, которую я только один раз прижал к губам, быть может, давно уже в могиле…

Он до сих пор немного пахнет.

13. Соедините части предложения в одно.

	что мне хочется увидеться с Гагиным.
Ася пошла в дом	
	и скоро вернулась вместе с хозяйкой.
Я уверял себя,	
И вот мы с ней на берегах Рейна,	чтобы опять держать её холодную руку.
Я бы дал всё на свете,	где я стараюсь заниматься живописью, а она шалит по-прежнему.

14. Прочитайте план текста и продолжите его. Перескажите рассказ по плану.

1. Молодой человек Н.Н. путешествует по Европе.

2. В одном немецком городе он знакомится с Гагиным и его сестрой Асей.

3. Молодые люди часто встречаются, проводят время вместе.

4. …

5. …

6. …

15. Расскажите историю отношений Аси и Н.Н. от лица самой Аси; Гагина.

16. Давайте обсудим.

1. Каким вы видите господина Н.Н.? Достоин ли он любви Аси? Искренне ли он старался найти Асю?

2. Понравилась ли вам Ася? Какой вы представляете девушку? Можно ли, на ваш взгляд, объяснить характер Аси её происхождением? Жалеете ли вы её?

3. Как описание природы помогает понять характер главных героев и то, что с ними происходит? Приведите примеры из текста.

4. Если бы Ася и Н.Н. поженились, были бы они счастливы? Выскажите свои предположения.

5. Как вы думаете — это повесть о нелепости первой любви или повесть о первом чувстве, которое может перевернуть жизнь? Аргументируйте свою точку зрения.

6. Есть ли в современном обществе, среди ваших знакомых девушки, похожие на Асю?

7. Современна ли повесть И.С. Тургенева «Ася»?

17. Посмотрите художественный фильм «Ася» (И. Хейфиц, 1977, Ленфильм). Такими ли вы представляли себе главных героев произведения?

Контрольная матрица

1	А	Б	**В**
2	**А**	Б	В
3	**А**	Б	В
4	**А**	Б	В
5	А	Б	**В**
6	А	**Б**	В
7	А	Б	**В**
8	А	**Б**	В
9	А	Б	**В**
10	**А**	Б	В
11	А	Б	**В**
12	**А**	Б	В
13	А	**Б**	В
14	**А**	Б	В

Учебное издание

Тургенев Иван Сергеевич

АСЯ

Книга для чтения с заданиями
для изучающих русский язык как иностранный

Редактор *Н.А. Еремина*
Корректор *О.Ч. Кохановская*
Вёрстка *Е.П. Бреславская*

Подписано в печать 13.09.2017. Формат 60×90/16
Объем 3,5 п.л. Тираж 500 экз. Заказ № 10943

Издательство ООО «Русский язык». Курсы
125047, Москва, 1-я Тверская-Ямская ул., д. 18
Тел./факс: +7(499) 251-08-45, тел.: +7(499) 250-48-68
e-mail: russky_yazyk@mail.ru; rkursy@gmail.com; ruskursy@gmail.com;
ruskursy@mail.ru
www.rus-lang.ru

Отпечатано с готового оригинал-макета издательства
в типографии ООО «Паблит»
Адрес: 127282, г. Москва, ул. Полярная, 31В, стр.1. Тел. (495) 230-20-52

КЛАСС!ное чтение

А.И. Куприн
ОЛЕСЯ

Книга для чтения с заданиями
для изучающих русский язык
как иностранный

В1

В книге серии «Класс!ное чтение» представлена повесть «Олеся» известного русского писателя первой половины XX века А.И. Куприна.

В основе сюжета история недолгой, но прекрасной, искренней любви интеллигента из города и молодой девушки, которая живёт в лесу. Эта книга о том, что судьбу изменить нельзя.

Текст повести адаптирован (В1), сопровождается комментарием, заданиями на понимание прочитанного и на развитие речи. В книге приводятся наиболее интересные факты из жизни А.И. Куприна и краткое изложение повести.

А.С. Грин
АЛЫЕ ПАРУСА

Книга для чтения с заданиями
для изучающих русский язык
как иностранный

В1

В книге представлена повесть «Алые паруса» известного русского писателя первой трети XX века А.С. Грина. Это романтическая история необыкновенной любви капитана корабля к бедной девушке. О том, что надо обязательно верить в свою мечту, и тогда совершится чудо.

Текст повести адаптирован (В1), сопровождается заданиями на понимание прочитанного и на развитие речи. В книге приводятся наиболее интересные факты из жизни Грина и краткое изложение повести.

А.П. Чехов
РАССКАЗЫ О ЛЮБВИ

Книга для чтения с заданиями
для изучающих русский язык
как иностранный

В1

В книге представлены «Рассказы о любви» известного русского писателя А.П. Чехова.

Это рассказы о первом чувстве, о дружбе. О том, как легко обидеть человека и как необходимо помочь ему в трудную минуту. Читать книгу и грустно, и смешно. Но это очень добрые истории о жизни.

Текст рассказов адаптирован (В1), сопровождается комментарием, заданиями на понимание прочитанного и на развитие речи. В книге приводятся наиболее интересные факты из жизни А.П. Чехова и краткое изложение рассказов.

Л.Н. Толстой
АННА КАРЕНИНА

Книга для чтения с заданиями
для изучающих русский язык
как иностранный

В1

В книге представлен сокращённый вариант романа «Анна Каренина» великого русского писателя XIX века Л.Н. Толстого. Это классический любовный треугольник. Страстная любовь, которую испытывает героиня к блестящему офицеру, заканчивается для неё трагедией. Чувство вины перед родными, условности высшего общества толкают её на самоубийство.

Текст романа адаптирован (В1), сопровождается комментарием, заданиями на понимание прочитанного и на развитие речи. В книге приводятся наиболее интересные факты из жизни Л.Н. Толстого и краткое изложение романа.

КЛАСС!ное чтение

Книги для чтения
с заданиями
для изучающих русский язык как иностранный

В серии «Класс!ное чтение» вышли книги:

A1 Житков Б.С. О людях и животных

A2 Зощенко М.М. Рассказы для детей
Суслин Д. Валентинка
Суслин Д. Цирк приехал
Бокова Т. Истории о животных
Распутин В.Г. Уроки французского
Куприн А.И. Слон

B1 Куприн А.И. Белый пудель
Погорельский А. Чёрная курица, или Подземные жители
Грин А.С. Алые паруса
Казаков Ю. Голубое и зелёное
Куприн А.И. Олеся
Беляев А.Р. Человек-амфибия
Куприн А.И. Гранатовый браслет
Толстой Л.Н. Анна Каренина
Чехов А.П. Рассказы о любви
Крюкова Т. Человек нового типа
Беринг Т. Волонтёры
Бунин И.А. Солнечный удар
Чехов А.П. Мои жёны
Пушкин А.С. Дубровский
Крюкова Т. Дневник Кото-сапиенса, или Кота Разумного
Емец Д. Подвиг во имя любви *(Готовится к печати)*

B2 Шмелёв И.С. Мой Марс
Достоевский Ф.М. Преступление и наказание
Гончаров И.А. Обломов
Гоголь Н.В. Портрет
Достоевский Ф.М. Белые ночи
Тынянов Ю.Н. Подпоручик Киже
Аверченко А.Т. Знаток женского сердца
Горький М. Рассказ об одном романе
Салтыков-Щедрин М.Е. Сказки для взрослых
Андреев Л.Н. Два письма

C1 Толстой Л.Н. Отец Сергий
Толстой А.К. Встреча через триста лет
Достоевский Ф.М. Скверный анекдот
Достоевский Ф.М. Сон смешного человека